★座大戰 2部曲

/PIEPIE

文/王小亞・幻覺

人鬼狂笑貓犬不寧推薦！

Linda 《3喵1牛‧爆笑日常/Linda 貓記事》作者 ♌

爆笑有趣的星座分析，看著自己星座的分析都會覺得「好像真是如此這般」，生動活潑的畫風值得一看究竟唷！

可布魯 豆卡頻道人氣圖文創作家 ♑

人人有星座，從星座知你心。這本書中肯地描繪各星座人物面對生活的態度，簡潔明瞭、一針見血，邀請你一同加入星座大戰！

阿慢 《百鬼夜行誌‧凶宅卷》作者 ♉

用圖文漫畫來表現星座們的各種爆笑反應，實在是太有趣啦！害我忍不住邊看邊點頭，星座迷們千萬不要錯過這本好書哦！

香菇 「香菇愛畫畫」版主 ♋

這本星座漫畫讓我了解到每個星座不同的反應及個性，使用漫畫的手法表達讓人更印象深刻耶！

作者的話

大家好，
我是 PIEPIE～

這本是我在臺灣的第 **2** 本
書，謝謝大家支持呢！

有如此多版稅的支持，
我會繼續努力的～

為了感謝大家，我決定在此
公布一個大祕密給你們，

那就是……

目錄

鏘鏘！登場！

十二星人又來啦！快摸清楚他們在想什麼？

| | 白羊座 | 03月21◑－04月19◑ | 火象 |

| | 金牛座 | 04月20◑－05月20◑ | 土象 |

| | 雙子座 | 05月21◑－06月20◑ | 風象 |

| | 巨蟹座 | 06月21◑－07月22◑ | 水象 |

| | 獅子座 | 07月23◑－08月22◑ | 火象 |

| | 處女座 | 08月23◑－09月22◑ | 土象 |

♎	天秤座	09月23①—10月22①	風象
♏	天蠍座	10月23①—11月21①	水象
♐	射手座	11月22①—12月21①	火象
♑	摩羯座	12月22①—01月19①	土象
♒	水瓶座	01月20①—02月18①	風象
♓	雙魚座	02月17①— 03月20①	水象

♈
白羊

♉
金牛

♊
雙子

♋
巨蟹

♌
獅子

♍
處女

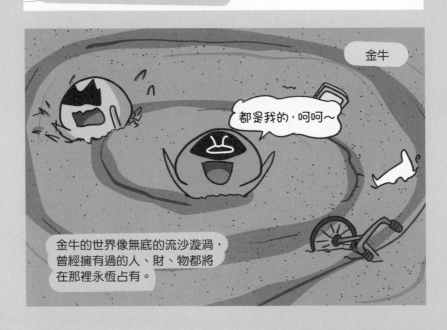

白羊

白羊的思維是一直線的，很難換角度和立場思考，也不會考慮別人會不會認同。
性急起來就是誰擋路就殺誰……

金牛

都是我的，呵呵～

金牛的世界像無底的流沙漩渦，曾經擁有過的人、財、物都將在那裡永恆占有。

天秤

天蠍

射手

摩羯

水瓶

雙魚

雙子

噢噢噢耶～

雙子就像滑翔翼，風吹向哪裡，
思緒就飄到哪裡，而且只要有人
聽他唬爛胡說八道，就會很開心。

巨蟹

我們今天去吃火鍋好不好？

好～

巨蟹的情緒像不穩定的玻璃製
炸彈，一不小心就把自己炸成
碎片，把周圍的人也炸傷。

♈
白羊

♉
金牛

♊
雙子

♋
巨蟹

♌
獅子

♍
處女

獅子

獅子像隻貓，一切都從自己的喜好出發，
不屑討好別人，也許能成為她的貓奴是種光榮？

吼！！！

對不起啦，
別生氣了吧！

來來來……
吃個布丁好不好？

Love

即便經常驕傲並保持距離感，
其實內心永遠是隻萌萌的小貓咪。

處女

看到你那條辮涕，
我就知你是雙子！

真的耶！竟然被
你看出來了！

處女的直覺審視就像一臺高倍顯微鏡，
一個小細節、一點小動作都會被他察覺記下，
精準到連空氣中細菌上的絨毛動了一下都看得清清楚楚。

天秤

秤子果然是
愛美的人呢！

哈哈哈……
好說好說……

天秤像個泥水匠，
不會放過任何抹平瑕疵的機會。
至於內在怎麼樣，他們就懶得管了。

天秤	Ω
天蠍	♏
射手	♐
摩羯	♑
水瓶	♒
雙魚	♓

天蠍

那傢伙一定有所隱瞞！

他怎麼有辦法找到這裡！

天蠍像狗仔隊，永遠不
會相信光鮮的表面，
總想挖掘深藏在背後的祕密。
但有時會因此把簡單的事
想得很複雜（也就是多疑）。

白羊

金牛

雙子

巨蟹

獅子

處女

射手

射手永遠精力旺盛，
卡拉OK烤肉跳舞大聯歡，
永遠無法理解
為什麼有些人只想要保持安靜。

你們吵死了閉嘴！

一起玩樂多
開心啊！怎
麼還投訴，
真奇怪……

摩羯

摩羯像蠶蛹，總想隔絕各種干擾，
按自己的節奏做事，
喜歡享受寂寞、品嚐痛苦。

蛹是維持摩羯內心安定的法寶。

許久之後當人們打開蛹時，
也許會發現摩羯已默默死去，
或早已悄悄完成華麗的變身。

天秤

天蠍

射手

摩羯

水瓶

雙魚

水瓶

前不見古人,
後不見來者,

念天地之悠悠,
獨水瓶我來過。

水瓶的思路像登高瞭望者,
能跳出框架看清廬山真面目,
有新穎的思維。

但有時也因為登高造成大小視覺差異,
自以為自己比地面上的「小矮人」都偉大。

雙魚

雙魚的思路
就像隔著毛玻璃看世界,
矇矇矓矓誰都看不清真相,
連自己的視線和判斷力也一併模糊了。

但這種矇矓美喚起的想像力,
也是誕生創作靈感的泉源。

1 可愛與可恨

你總是這麼可愛，卻又如此可恨！

想不到你凶神惡煞，原來心地最善良！

白羊
金牛
雙子
巨蟹
獅子
處女

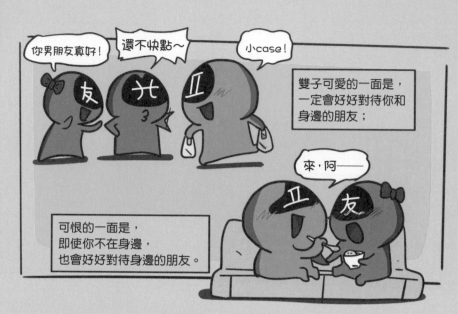

你男朋友真好!

還不快點～

小case!

雙子可愛的一面是,
一定會好好對待你和
身邊的朋友;

來,阿——

可恨的一面是,
即使你不在身邊,
也會好好對待身邊的朋友。

我就是愛你,不需要理由～

巨蟹可愛的一面是,
永遠會一往情深的愛
著你,與你在一起;

當年他也是這樣說的!

可恨的一面是,永遠
無法忘記過去受過的
傷,而且總是發洩在
你身上。

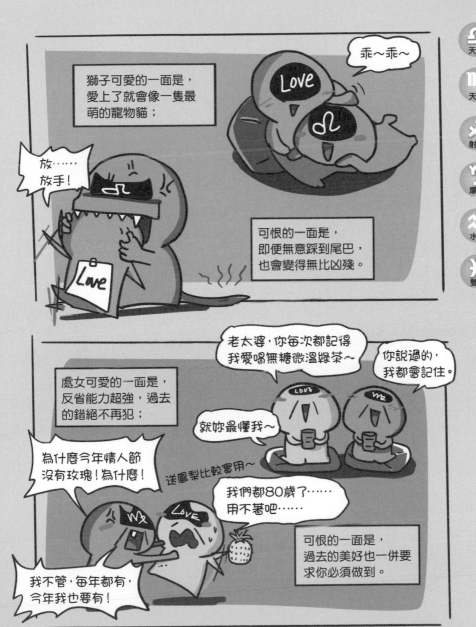

♈ 白羊
♉ 金牛
♊ 雙子
♋ 巨蟹
♌ 獅子
♍ 處女

可以和你交換嗎？你的炸雞好像很好吃！

沒問題～

我也想要呢！

天秤可愛的一面是，永遠都會順從而優雅；

我的愛心飯盒呢！

不好意思，分給別人了……

可恨的一面是，這種好對誰都沒什麼區別。

想動她的話，除非殺了我！

天蠍可愛的一面是，愛的時候真的可以為對方去死；

你愛我就跳下去。

可是這也太……

可恨的一面是，對方必須用生死來證明對天蠍的愛，或無條件接受天蠍的任何命令。

快快快！
翻頁！

我要和月野兔結婚！

回來呀兒子！

射手可愛的一面是，
為了追逐快樂可放棄一
切走天涯；

我發現還是初音最好～
我和她結婚好了！

可恨的一面是，
快樂的標準經常變。

學長～打完球，
吃個便當吧！

小糬妹，妳真好～

摩羯可愛的一面是，
付出恆久遠；

這些年我為你付出太多了，我多
麼不容易啊，輪到你服侍我了！

可恨的一面是，
翻倍索取也恆久遠。

知道！

白羊
金牛
雙子
巨蟹
獅子
處女

這是我為你打造的玫瑰花園～

好浪漫呀～

水瓶可愛的一面是，愛就卑微如塵埃般犯賤，為你做一切從前不願做的；

你自己玩花去吧！我要打電動。

可恨的一面是，一會兒愛你一會兒不愛你，連他們自己都搞不清楚。

可是今天是情人節呀……

你要抱緊我，不准你放手！

雙魚可愛的一面是，善良易感心腸軟，一等一的好情人；

我說不想見到你，就是別再見別再碰我呀！煩死了！

可恨的一面是，你絕對不知道他什麼時候什麼理由，一下子又可以翻臉。

2 領養狗狗

十二星座喜歡領養什麼樣的狗狗呢？

要養哪一隻好呢……

白羊會挑叫聲最大、
跳得最高的～

衝呀！

金牛會挑最胖、毛髮摸
起來最順手的。

雙子會挑最聰明的做朋友，

巨蟹會挑最可憐的做孩子。

獅子會挑在家最乖，
在外面卻最厲害的；

處女會挑乾淨且不太會掉毛的。

幫你洗
個澡吧！

天秤會挑最聽話的；

坐下！

天蠍會挑可以訓練叼拖鞋、開冰箱拿飲料等的。

射手會挑勇敢忠誠，
可以帶著到處旅行的；

摩羯會挑照顧起來
最省事、不浪費時間的。

水瓶會挑外形、性格最奇葩的；

雙魚會挑最肥最大的。

3 丟垃圾

從丟垃圾的小動作看出十二星座的個性。

天秤

 天蠍

 射手

 摩羯

 水瓶

雙魚

我就知道我一投就進！

率真的白羊喜歡直接表達自己內心的
想法，連丟個垃圾也可以很激動～

和全人類一起，為更乾
淨的地球出一份力！

使命感超強的金牛座，
即使是丟個垃圾
也會聯想到豐富的社會意義。

今日投籃命中率：100%

對貪玩的雙子來說，
每件事都可以變成有趣的小遊戲。

馬麻，馬麻，
我是不是很乖？

喜歡懷舊的巨蟹，連丟垃圾
也能想起童年的溫馨時刻。

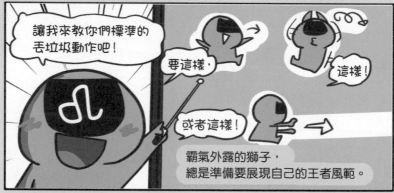

讓我來教你們標準的
丟垃圾動作吧！

要這樣，

這樣！

或者這樣！

霸氣外露的獅子，
總是準備要展現自己的王者風範。

終於丟掉了！

有潔癖的處女
無法忍受拿著垃圾走來走去，
愈快脫手愈開心。

天秤

天蠍

射手

摩羯

水瓶

雙魚

感覺自己
今天更迷人了～

對於黑白分明的天秤來說，每做一件正確的事，自我感覺便提高一分。

小意思啦～

小子，你真有公德心～

神祕的天蠍即使心裡樂開懷，表面看來依然十分淡定，深藏功與名。

又做了件好事，
來發臉書，求表揚～

喜歡挑戰的射手，同樣也喜歡高調賣萌，向朋友們展示自己的小成績。

白羊

 金牛

 雙子

 巨蟹

 獅子

 處女

如果大家都能像我一樣守規矩，

世界就會美好很多……

認真負責、善於自我約束的摩羯，
一向是遵守紀律的好孩子。

我剛回收了一張紙，

節省了 0.000x 棵樹木，

可以多製造 0.000x 升的氧氣，

哈哈哈哈哈！

理性又聰明的水瓶，
能夠迅速計算出
丟垃圾的環保價值。

做好事的感覺真愉快啊！

多愁善感的雙魚很容易
因為一件小事而開心不已。

4 時間觀念

十二星座的時間觀，有什麼不一樣？

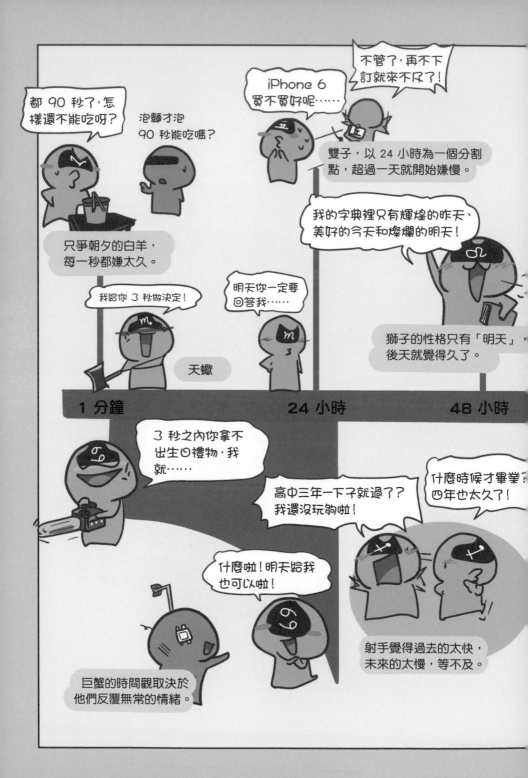

我的時空我作主！

水瓶的每一秒都是他領銜的世界，多久都不算久。

要想把一件事做得完美，半年不算久吧！

處女的時間單位以「年」來計算。

你一年前坐公車跟我借的 10 元還沒還我。

你知道我等你多久嗎？混帳！

金牛的時間單位以金錢來計算。

笨蛋！我不會再等你了！

天蠍可以懷著恨意，一直等下去。

2 星期　　　6 個月　　　5 年

怎麼全立起來，這樣怎麼下決定呢？

天秤的一週不算太久，總是還來得及，總是要再想想。

天啊！又星期天了？？我的週末到哪去了！

第一步應該是先找個男朋友吧……目標是五年內……

用力活著的摩羯，五年都不算久。

雙魚活在自己的世界，根本搞不懂時間。

5 性格弱點

十二星座在性格上有哪些弱點？

這家伙肯定瘋了……

親愛的～我抽中星座貼紙了～看吧！

白羊

 金牛

 雙子

 巨蟹

 獅子

 處女

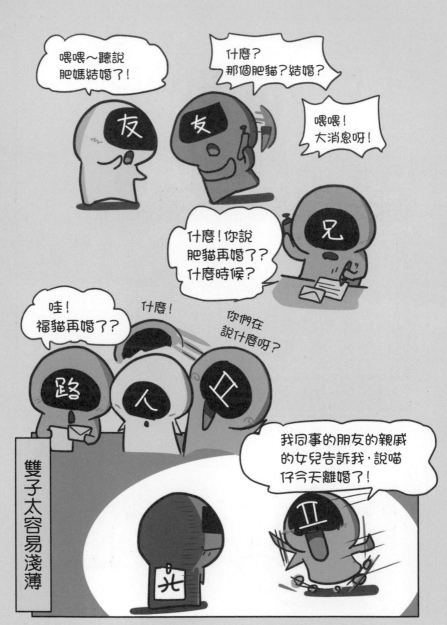

天秤
天蠍
射手
摩羯
水瓶
雙魚

巨蟹太容易痛苦

你沒回我簡訊！
果然是不愛我！

很忙嗎

喂喂…

獅子太容易炫耀

你看你看～
我當年是冠軍呢！

喔。

處女太容易失望

為什麼雙子能霸占一整頁，
為什麼我偉大的處女不行！

稿子不是我寫的，
找凸龜算帳吧……

我再也不要看妳的
垃圾星座漫畫了！

白羊 金牛 雙子 巨蟹 獅子 處女

天秤太會猶豫

天蠍太容易仇視

射手太容易逃避

♎ 天秤
♏ 天蠍
♐ 射手
♑ 摩羯
♒ 水瓶
♓ 雙魚

摩羯太容易悲觀

我真的沒騙你，你中獎了！

只要簽個名就好！你真的中獎了！

那麼好的事，怎麼可能輪到我！

真的！

頭獎

水瓶太容易漠視

你說什麼鬼話！

你有夠不要臉有種來單挑啊！

真是蠢貨。

雙魚永遠活在想像裡

6 養生

一窺十二星座的養生之道……

天秤

 天蠍

 射手

 摩羯

 水瓶

雙魚

隨性

有病治病就可以啦！
沒生病誰要在乎養生～

每天忙著玩，
哪有時間生病！

白羊通常不會想到養生。

進補

吃好東西，膠原
蛋白、燕窩……
能吃就多吃！

金牛信奉食補

燕窩燉蛋

木瓜雪耳

你確定不會
吃太好嗎……

人參煲雞

白羊

金牛

雙子

巨蟹

獅子

處女

新奇

雙子對任何新
方法都很好奇。

養生最好來
喝養生湯～

還是做健身操好
了，比較好玩！

現在不養生，
老了怎麼辦！

對耶，要保
重身體～

同感～

其實還年輕，養生
什麼的就算了吧！

對巨蟹來說，信者得永生，信教信佛，
只要能讓心情平靜的東西都好。
因為他們深知壞情緒對健康的影響。

信仰

HP+100

LV：99	
HP：711	
MP：699	

習得技能

	神聖之光：治癒小病
	佛祖之力：抵擋厄運攻擊一次
	編輯之愛：截稿日期延遲一週

快快快！翻頁！

天秤

天蠍

射手

摩羯

水瓶

雙魚

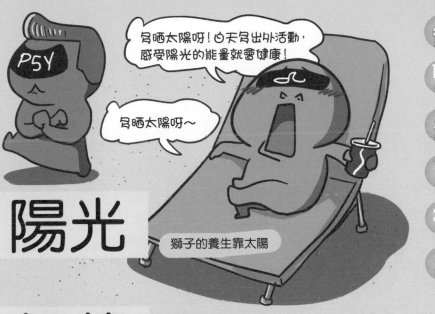

多晒太陽呀！白天多出外活動，感受陽光的能量就會健康！

多晒太陽呀～

陽光

獅子的養生靠太陽

規律

均衡飲食

多運動

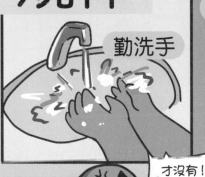

勤洗手

早睡覺

才沒有！

處女為了養生，總是能堅持那些枯燥乏味的東西……

白羊

金牛

雙子

巨蟹

獅子

處女

天秤養生養成大明星，鍛鍊一定要練出一身美肌。

天秤

 天蠍

 射手

 摩羯

 水瓶

 雙魚

玩最重要！ 玩大於一切的射手

天天出去玩，玩得開心，
活得放心，這就是養生！

偏方

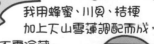

摩羯信奉傳統的東西，
中藥、祖傳祕方等都有興趣。

我用蜂蜜、川貝、桔梗
加上天山雪蓮調配而成，
不需冷藏，
沒有防腐劑，
而且很好吃！

白羊

金牛

雙子

巨蟹

獅子

處女

自創新玩意兒

你是……
我哥嗎……？

老祖宗……留下來的……中醫藥和針灸……一定……有用……我……要用新時代……的科學方法來解決……

瓶子喜歡在傳統中發明創新

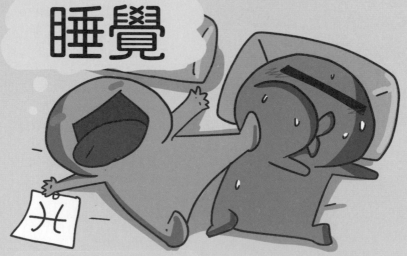

睡覺

雙魚不是在神遊就是在作夢。

7 星座的味道

十二星座相處起來，像什麼料理呢？

白羊

金牛

雙子

巨蟹

獅子

處女

太好吃！

白羊就像川菜，
特點是麻辣、
刺激、重口味。

金牛像廣東菜，以「吃」聞名，
什麼都吃得下，
但最講究的還是
原汁食材的新鮮味。

挺不錯～

試試
這個～

雙子就像自助餐，
各種各樣都有一點，
最適合那些
喜愛新鮮感的人。

天秤

 天蠍

 射手

 摩羯

 水瓶

 雙魚

巨蟹像一道私房菜，
地點隱密、配方保密，
只做熟客生意，打感情牌，
特別注重氣氛和味道。

獅子像京菜，
是各地飲食指標，
吸收各方精華，
集天下之大成於一身也。

處女像日本料理，
奉行完美主義，
從擺盤到菜色
都講究精緻、健康。

白羊

金牛

雙子

巨蟹

獅子

處女

天秤像法國料理，
美味、優雅、講究，
都是天秤的關鍵詞。

天蠍像是一場人體盛宴，
喜歡重口味，
重視事物背後的意義，
例如吃飯不僅要吃飽，
還得滿足那惡趣味。

射手什麼都敢吃，
擅長突破並挑戰極限，
包括蟲子、內臟、
以及各種稀奇古怪的東西，
幾乎都敢試。

天秤

天蠍

射手

摩羯

水瓶

雙魚

吃得飽才是王道，

有肉有菜有營養，
還有什麼不好呀～

摩羯像是工作餐（吃便當），
省事，效率第一，吃得飽，
凡事只要能達成目標就好。

水瓶像英國菜，
高貴冷豔，卻又極其奇葩，
代表作是「仰望星空」，
原則是不走大眾路線。

雙魚像法式甜品，
滋味小小甜甜的，
在日常聚會中不一定會是焦點，
但總是你最貼心的好朋友。

8 熬夜

十二星座半夜不睡覺，都在做什麼？

第 111699 隻羊、第 111700 隻羊、第 111701...
...、第 111702 隻羊、第 111703 隻羊、第 1117...
...隻羊、第 111705 隻羊、第 111706 隻羊、第 111...
...隻羊、第 111708 隻羊、第 111709 隻羊、第 111...
...隻羊、第 111711 隻羊、第 111712 隻羊、第 111...
...隻羊、第 111714 隻羊、第 111715 隻羊、第 111...
...隻羊、第 111717 隻羊、第 111718 隻羊、第 111...
...、第 111720 隻羊、第 111721 隻羊、第 111...

咕！

天秤

天蠍

射手

摩羯

水瓶

雙魚

一不小心就煮多了呢……
哈哈哈哈（拍照上傳）

親愛的～你在做什麼～

沒有啦～都新年了～
當然找你啦～

你在嗎～

沒～沒有啦～

金牛在深夜殘害別人，
專發宵夜文。

雙子和情人／同學／朋友
或打錯電話的人聊天。

哈哈哈！打完這 30 頁，
今天的計畫就都完成了！

呵呵呵～畫完這 30 頁，
明天的工作就輕鬆多了！

我會加油的！

處女不把自己負責的事做
完，必定會焦慮到失眠。

摩羯會趕明天的工，然而
明天總會有新的任務出現……

♈ 白羊

♉ 金牛

♊ 雙子

♋ 巨蟹

♌ 獅子

♍ 處女

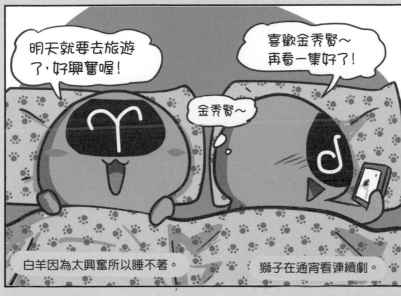

天秤

天蠍

射手

摩羯

水瓶

雙魚

9 守規則？

當十二星座遇上無理規則，他們會……

從此刻開始，我說東你就往東，我說坐下你不准站著！

天秤

天蠍

射手

摩羯

水瓶

雙魚

金牛

天秤

天蠍

射手

摩羯

水瓶

雙魚

愈是禁止，雙子就愈喜歡探查究竟。

白羊
 金牛
 雙子
 巨蟹
 獅子

處女

天秤

天蠍

射手

摩羯

水瓶

雙魚

獅子

我才不要!

為什麼我要聽你的?
滾遠一點吧!

對獅子來說,只有自己才是規則。

♈ 白羊
♉ 金牛
♊ 雙子
♋ 巨蟹
♌ 獅子
♍ 處女

喂喂，我要到那邊去，別攔著我呀！

先付我過路費吧！
沒錢就滾吧！

處女

你憑什麼收錢呀！

抗議

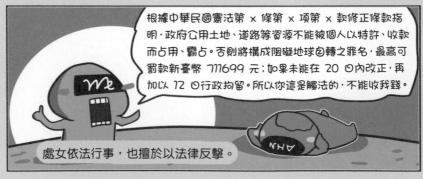

根據中華民國憲法第 x 條第 x 項第 x 款修正條款指明，政府公用土地、道路等資源不能被個人以特許、收款而占用、霸占。否則將構成阻礙地球自轉之罪名，最高可罰款新臺幣 777699 元；如果未能在 20 日內改正，再加以 12 日行政拘留。所以你這是觸法的，不能收我錢。

處女依法行事，也擅於以法律反擊。

天秤
 天蠍
 射手
 摩羯
 水瓶
雙魚

♈ 白羊
♉ 金牛
♊ 雙子
♋ 巨蟹
♌ 獅子
♍ 處女

喂喂～我要到那邊去啦！

好呀～1000 元過路費，

不給錢行嗎？

沒錢別想過！

天蠍

喂喂，你在幹什麼？

呀！

*腳底按摩進行中

等一下，這……

啊！

好……舒服～

多謝款待。

天蠍相信檯面下的動作永遠有效。

*真的只是腳底按摩

天秤

天蠍

射手

摩羯

水瓶

雙魚

為什麼要付過路費？

射手

因為此路是我開，
若要過我路，
當然付我財。

是不是因為
那邊有寶藏？

沒有呀！你別亂想，
總之你要先付錢！

有什麼寶藏呢？
說給我聽吧！

等等！你有聽我說話嗎？

我叫你等等啦！
別走！

耶！去尋寶了！

對射手來說，規則是拿來超越的。

白羊
金牛
雙子
巨蟹
獅子
處女

喂!你!停下來!

要過去的話,先付過路費!

水瓶

什麼?

可惡,真不甘心!

喂!你聽著!你有規則,我也有我的規則!想拿錢就聽我的!

想要我給錢?規則是憋著氣,單腳跳過來拿,

還不可以笑。

水瓶就是喜歡自創規則。

快快快！
翻頁！

天秤

天蠍

射手

摩羯

水瓶

雙魚

10 沙塵暴

面對嚴重的空氣汙染，十二星座的反應……

搞什麼鬼,你還在啊?
早啊,今天也要努力喔!

你欠揍嗎你!

白羊得了不激怒別人不開心的病。

快點過來呀!
那邊有人在決
鬥,好精彩!

喔。

你不能快點嗎?

金牛:大部分事情都
會慢半拍的病。

我打掉它一半血已經很厲害了,
你厲害你來啊!我看你有多強!

哩怪

HP
MP

你厲害你來啊!

來啊!

一字記之曰「廢」。

雙子:懂不懂都要講
兩句反駁別人的病。

白羊

金牛

雙子

巨蟹

獅子

處女

巨蟹：一點小事就神經過敏的病。

獅子：全世界都圍著
自己轉的妄想病。

處女：眼睛只看到缺陷的病。

天秤

天蠍

射手

摩羯

水瓶

雙魚

一起去玩吧～

不太熟的同事A

天秤：分不清愛和喜歡有什麼區別的病。

吃個蘋果吧～

農藥超標了！

那喝酒吧！

那是甲醛兌水的。

西瓜呢？

那加了糖水的。

吃白米飯總可以吧！

有事的～

你吃一口，我給你一百！

錢也有假的～

天蠍：對世界悲觀的病。

全新的一定比現在的好！

真有人會買這玩意兒……

射手有太喜歡新奇的病。

白羊

金牛

雙子

巨蟹

獅子

處女

12 投票

關於十二星座的投票行為……

（改編自網友故事提供）

♈
白羊

♉
金牛

♊
雙子

♋
巨蟹

♌
獅子

♍
處女

白羊

金牛

雙子

巨蟹

獅子

處女

還沒投就知道結果會怎樣啦，我才不投這種玩意兒！

這就是我，摩羯！

投票什麼的麻煩死了！

完全同意！

水瓶

我的精神能量如此飽滿優秀，

就憑你也能要我去投票？

別開玩笑了～

雙魚

13 拉票

當十二星座參選,會如何拉票呢?

天秤

天蠍

射手

摩羯

水瓶

雙魚

喂！叫你呢！
投票了嗎？
怎麼還不去投！

再不投打你喔！

白羊拜託人時，只會用理所
當然的語氣命令別人……

現在投票的～
可以獲得

1 粒星星，
累積滿 10 粒星星，

能換取 1 個大心，最後可以用
10 個大心參加星座大抽獎，
獎品是牙線一包喔～

大家請踴躍投票吧～

金牛拜託別人時，
會用物質來獎勵。

白羊
金牛
雙子
巨蟹
獅子
處女

親愛的～投票了嗎？

為什麼不投票～
為什麼不投票～
為什麼不投票～

來投吧來投吧！
來投吧來投吧！
來投吧來投吧！

投票了嗎投票了嗎？
投票了嗎投票了嗎？

吵死了！

雙子拜託人時，
會反覆轟炸至答應為止。

喂～大姨，幫我
投個票好嗎？

表妹，有事找你呢。

謝謝大家～

寫感謝信中。

巨蟹拜託別人時，
會拉親友團來幫忙。

天秤
天蠍
射手
摩羯
水瓶
雙魚

跪舔吧，俗人們！
還不過來投票！

獅子總是自以為能為他效勞
是別人的榮幸。

咳咳，這種無聊的事通常我不
會理的，但主辦方既然邀請我
參加，好歹得表達一下支持。

喜歡的話，
就投我一票吧！

咳咳

你再說一次～
聽不到喔～

傲驕的處女總會表現出無所謂甚至
自貶的態度，但如果之後發現自己
票數不夠高時，心裡又會埋怨大家
不識貨。

白羊

金牛

雙子

巨蟹

獅子

處女

就是我的星座漫畫
參加了比賽啦～

想說需要找人
幫忙投票～

喂～編輯大人嗎，對
對對，我是小秤呀～

對對對，想說看
你方不方便～

不好意思打擾妳啦，想問問
看你方不方便幫個小忙～

不麻煩嗎？
那拜託你了！

天秤又想贏，又怕打擾人，
每次拜託時都很冒汗。

當天蠍覺得有希望時——

當天蠍覺得沒希望時——

搞半天，今天拉
不到 1000 票
我就斃了你！

別浪費時間
了，白痴。

你要投就投吧，
反正投了也贏不了。

粉

粉

請問是要投什麼票呢?

愛投就投!別囉嗦!

吵死了!

射手拜託別人時,語氣毫不在乎……
(到底是誰在拜託誰?)

本漫畫在N種情境中,以 12 星座人的另樣表現來揭穿 12 星座人真實的一面,直指內心,讓人看了直呼神準。漫畫中的故事場景都取自日常生活,例如遭遇電話騷擾、祕密被揭穿、上課沉悶、童年生活、碰到爛桃花、過年過節等,每個都是別開生面的 12 星座眾生相,這個網路超人氣星座漫畫深深戳中了 12 星人,也是《星座大戰首部曲》作者PIEPIE暢銷新作,畫工脫胎換骨般提升,故事更是極致有趣,入骨觀樂,給你好看!隨書還附贈超級無敵精美光年尺。另外因為作者PIEPIE懶得打字的關係,所以全摘自亞馬遜書評。對了,順便說說作者PIEPIE吧。她是喜愛甜食和貓的漫畫家,自認沒有什麼突出的地方,將來的理想大概是想和家裡那個笨蛋雙子過一輩子吧。最近很開心的事,是進行了一次長途旅行,坐飛機了呢。曾出版作品是《星座大戰首部曲》。王小亞是專欄作家,與多家媒體合作,也是星譯社ATS資深成員;擅長分析、感悟命運,但不迷信。喜歡八卦,但不長舌。說了一大堆,其實沒什麼啦,只是讓你知道星座漫畫參賽了,請你去投個票吧。

摩羯會先講一大堆囉嗦話介紹內容,然後才講出拉票要求。

白羊

金牛

雙子

巨蟹

獅子

處女

喂喂～地球人，你知道這是什麼嗎？

這是，投·票·箱。

想玩吧～去幫忙投票才給你看一眼！

水瓶會先吸引別人的興趣，讓別人主動答應幫忙。

你看看！又被拉開差距了，差了幾千票呢！

乖～～幫你投票吧～

雙魚要人幫忙時，會先抱怨別人都欺負他，再表現得很可憐的樣子，讓人主動幫忙。

14 交友哲學

十二星座的交友哲學是……？

白羊

金牛

雙子

巨蟹

獅子

處女

天秤

 天蠍

 射手

 摩羯

 水瓶

 雙魚

天秤

天蠍

射手

摩羯

水瓶

雙魚

15 社群網路

十二星座的臉書使用習慣大解密！

冬天早點睡，別玩臉書了啦！

要你管～

天秤

天蠍

射手

摩羯

水瓶

雙魚

 白羊

又要剪趾甲了~

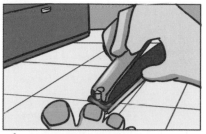

活在當下的白羊，臉書內容大多是自己當時的狀態。例如正在哪個地方做哪些事。

👍 你覺得這真讚

金牛 😊 開心

買一送一的下午茶，真便宜！

金牛的臉書總是喜歡炫耀各種美食、美味且環境宜人的餐館等，而且都是超值或有折扣的店。

👍 KATH 和 其他 11 人 都說讚

雙子 ✿ 📱

今天看到一個超笨的人，笑死朕

好奇的雙子，臉書就像消息中繼站，喜歡分享、評論、狂讚臉書上的各種笑話和新聞。

👍 你 和 其他 1000 人 都說讚

水瓶　你為何有這張圖！（我要報警）

雙子　因為我是聰明的雙子~

♈
白羊

♉
金牛

♊
雙子

♋
巨蟹

♌
獅子

♍
處女

 巨蟹 好吃
今天和閨密們一起烤餅乾，好好吃喔～

巨蟹也愛拍一些美食照片，
但他們重點更偏向與親朋好友
一起享受美食的快樂。

👍 ERIC 和 LEO 都說讚

 獅子 **V**
我要化成風！！！時速 100 公里！

獅子通常在臉書上展現出
自己最好的一面，
例如剛做了什麼快樂的事、
和朋友玩、參加聚會等。

你 和 其他 25 人 都說讚

雙子 ……這是誰幫你拍的？👍 46

處女 一定是用GO●RO拍的吧

雙子 可是……是誰按下拍照鍵的 👍6

處女 就是用GO●RO啊，有定時
拍攝功能

處女對自己擅長的領域會
喋喋不休發表意見，
指出別人言論裡的錯誤，
甚至會跟別人辯論到底。

雙子 可是是什麼人可以在時速
100 公里時去按定時自拍，
好厲害啊！

獅子 大家看我多帥！👍 23

處女 ！就先設定自拍 再開車啊

處女 豬頭！白痴！連這都看不懂 👍4

天秤

天蠍

射手

摩羯

水瓶

雙魚

天秤
愛就是深深的喜歡

天秤即使玩臉書也很注意氣氛和個人形象，顯得比較優雅且有文藝氣息。

👍 Calvin 和 其他 10 人 都說讚

天蠍
失戀了也一樣堅強～

許多蠍子對分享和討論一切情色話題都不覺得尷尬。但天蠍所描述的關於自己的狀態，請別都信以為真，他們很樂於誤導別人來保持自己的神祕感～

👍 你 和 Mandy 都說讚

射手 奸笑
剛剛幫主編泡的咖啡，加了……

射手只圖爽快、不考慮後果的個性，倒是很容易在臉書上引來口舌是非。

👍 Sara 和 陳瓦西 都說讚

 BOSS　明天來拿離職通知！

射手　我錯了！！！！！

白羊

金牛

雙子

巨蟹

獅子

處女

摩羯

菜鳥新人小弟又挨罵了～活該

讚・留言・分享

摩羯在臉書上的話題
總圍繞著工作中的瑣事,
尤其是一些
對事不對人的不滿,
喜歡傾訴挫折和壓力。

水瓶★

今天在家發現了小蝸牛～

👍 你 和 其他 5 人 都說讚

水瓶的臉書
關注的範圍非常大,
小至天氣狀況街邊風景,
大到世界要聞、社會事件。

雙魚

新衣服拿到手了～（心）

👍 PIEPIE 和 亞力山大 都說讚

雙魚的臉書內容都集中在
愛情和靈性兩大主題,
喜歡傾吐自己的心聲,
抒發自己的感受,
展開豐富的幻想。

16 推銷上門

當十二星座遇到推銷員時……

先生，有興趣買保險嗎？

♈
白羊

♉
金牛

♊
雙子

♋
巨蟹

♌
獅子

♍
處女

先生，想不想買個保險保平安？

呀！

白羊遇到推銷跑得比光還快。

嗯……再說吧，還需要多點時間想想……

金牛表示，需要時間想想

客人，要辦張信用卡嗎？

可是我是拿印度護照，可以嗎？

沒問題，我幫你打給總公司查查！

雙子借機溜掉。

保險真的不需要了，不然我幫你買下這原子筆吧！

我是要保險的……

巨蟹同情別人，但也不會被牽著走，被迫買下不用的東西。

沒興趣

這是獅子。

我說，保險我家早就買了啦～

別買一點別點心安啊！

但我已經4張保單了。

再加一張也沒差吧！

你就看不出我不想買嗎？

你就不能答應嗎？

天秤和推銷員形成拉鋸戰。

等一下！你剛說的DHA和PHA和那些沒關係吧！你是不是想騙我簽約！你別走！我還沒問完！

咕！行家嗎？

處女不斷質疑推銷員，讓對方主動放棄。

給我滾！

天蠍遇上推銷時⋯⋯

天秤

天蠍

射手

摩羯

水瓶

雙魚

白羊
金牛
雙子
巨蟹
獅子
處女

射手不會給對方機會。

這是摩羯。

水瓶逆向反攻！

雙魚不想被人折磨，總會買下各種用不上的。

17 同學會

十二星座如何籌辦／參加同學會？

白羊
♈

金牛
♉

雙子
♊

巨蟹
♋

獅子
♌

處女
♍

好久沒約大家一起出來玩了，不知大家過得怎樣呢……

不然我們來辦同學會吧！大家動起來！

勾通知一些人啊！

熱烈的白羊立即開始籌辦聚會。

可是，也太突然了吧！來得及準備嗎？

好吃不貴，包在我身上！

我們有金牛在呢！

穩重的金牛最會找聚會場所。

可是，我沒有他們的聯絡方法～

沒問題～我的同學通訊錄還在呢～

放心吧～這個星期天就可以和大家見面了！

謝謝大家！

雙子早已把大家的聯絡方式都記下來。

天秤

天蠍

射手

摩羯

水瓶

雙魚

翌日

對不起，
我來遲了～

沒關係～

活動還沒
正式開始呢！

你先拿個碗盤，
很快就可以吃了～

你還是這麼
會照顧人～

處女不想
冷落任何一個人。

大家都到
齊了嗎～

我在公司當了經理呢！
實在分不開身過來～

看我多
給面子！

獅子忍不住又
在炫耀自己的近況。

別理那個獅子，
多少年也沒變呢～

其他同學在
做什麼呀？

我來告訴
你吧～

和善的天秤和每個同學
都聊起天來～

白羊

金牛

雙子

巨蟹

獅子

處女

十二星座的同學會，
大概就是這個樣子了。

18 一起開餐廳

十二星座開餐廳，會有什麼好玩的事？

你是吉祥物兼招財貓，拉不到 1000 個客人，今晚就沒飯吃！

街角的盡頭，有一間
特別的西餐廳……

歡迎光臨！
讓我為你介紹
星座餐廳吧！

嗨，親愛的～
要不要試試我們
獨家的鹹味拿鐵，

想當年呀……

別具風味喔！

這裡有陽光的
雙子接待、

有故事的獅子老闆、

要試試玫瑰鹽咖啡嗎？

好吃的來了！

開發新飲品的白羊咖啡師、

甜品師傅金牛、

巨蟹大廚，

♈ 白羊
♉ 金牛
♊ 雙子
♋ 巨蟹
♌ 獅子
♍ 處女

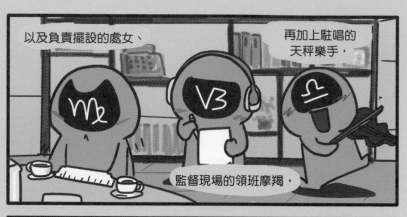

以及負責擺設的處女、

再加上駐唱的
天秤樂手，

監督現場的領班摩羯，

我當年打仗的
事還沒說呀～

下次吧

一起喝一杯嗎～

當然還有憂鬱的媽媽桑天蠍，

這什麼鬼東西？

和勤快的
射手
服務生……

所以客人，要不要
坐下來品味一下？

19 開口道歉

關於道歉，十二星座誰最開不了口？

你還不道歉！

我只能說，對這件事，我深表遺憾～！

摩羯／巨蟹：道歉難度 10%

我對不起國家社會！
我辜負了你們對我的信任！
我辜負了公司對我的提拔！
我對不起大家！

男摩羯在事業上，
道歉不會猶豫。

對不起，媽，辜負
了妳的期待。

這孩子，又在
鬧情緒了嗎？

媽寶型的巨蟹面對親人或密友
（甚至自己的孩子）都能馬上道歉。

天秤

天蠍

射手

摩羯

水瓶

雙魚

♈
白羊

♉
金牛

♊
雙子

♋
巨蟹

♌
獅子

♍
處女

天秤：道歉難度 30%

對不起，讓妳傷心了。我們回不去了……別哭……

天秤會對被自己傷害的人說對不起。

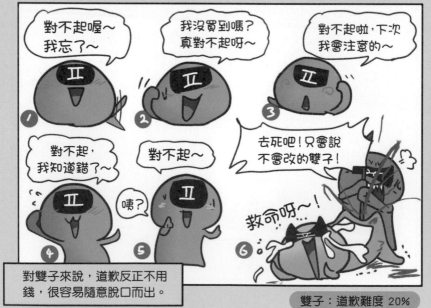

對不起喔～我忘了～

我沒買到嗎？真對不起呀～

對不起啦，下次我會注意的～

對不起，我知道錯了～

咦？

對不起～

去死吧！只會說不會改的雙子！

救命呀…！

對雙子來說，道歉反正不用錢，很容易隨意脫口而出。

雙子：道歉難度 20%

天秤

天蠍

射手

摩羯

水瓶

雙魚

金牛：道歉難度 90%

道歉是什麼？
可以吃嗎？

除非關係到錢或食物，金牛是絕不會說「對不起」的。

你先道歉吧！

道什麼歉？

對呀，明明是你的錯！

去死吧你！

處女

射手

雙魚

白羊

其他幾個星座，不是無法開口，就是完全沒有感到抱歉的意思……

道歉難度 95%

白羊

金牛

雙子

巨蟹

獅子

處女

水瓶／獅子：道歉難度 100%

就是因為有像你這樣豬一樣的隊友才會出錯！

才沒有！

我什麼也不知道，我不會認的……

人不舀～你就承認了吧～

我什麼也不知道～

獅子和水瓶只會覺得是這世界對不起自己。

天蠍：道歉難度 200%

20 長途旅行

十二星座長途旅行，出發！

天秤
天蠍
射手
摩羯
水瓶
雙魚

白羊
金牛
雙子
巨蟹
獅子
處女

21 馬戲團表演

十二星座要去馬戲團表演了！

快來看馬戲表演喲～

好期待呀～
（開心）

等一下呀！這和說好的不一樣吧！

呵呵呵～～

放心啦！
我幫你買了保險了～
你安心表演吧！

愛刺激的白羊喜歡表演電鋸活人。

天秤

天蠍

射手

摩羯

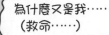水瓶

雙魚

為什麼又是我……
（救命……）

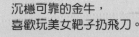
沉穩可靠的金牛，
喜歡玩美女靶子扔飛刀。

來見證奇蹟吧！

你覺得我做得到嗎？

哇！會是什麼呢？

鏘鏘鏘～！

雙子魔術師，成功轉移觀眾
注意力，變出小兔子。

白羊
金牛
雙子
巨蟹
獅子
處女

叫牠做點什麼呀！！！

說到馴養，誰比得過巨蟹？
巨蟹果然最適合當馴獸師。

喝！

大明星獅子表演心口碎大石。

想跟我約會嗎？
快點來排隊吧！

正喔！

兔女郎這麼需要細節的工作，
還是留給處女吧⋯⋯

快快快！翻頁！

無厘頭的水瓶表演放屁噴火，

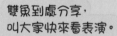

雙魚到處分享，
叫大家快來看表演。

等一下，怎麼沒看到摩羯？

啊，他在那邊！

22 追求心上人

好喜歡他，該怎麼展開追求呢？

啊啊～好想你……

♎ 天秤
♏ 天蠍
♐ 射手
♑ 摩羯
♒ 水瓶
♓ 雙魚

白羊：直線進攻

喂～我買了明天早場的票，一起看電影吧！

白羊靠的就是行動力。

金牛：體感溫度

課長，這是性騷擾……

這次計畫書做得很好，下次也請你一起努力。

金牛通過肢體接觸來傳達感情。

雙子：滔滔不絕

滾！

雙子透過言語交流來表達。

巨蟹：電波傳達

討厭！快看過來，人家為你故意化妝呢！

巨蟹喜歡被動給暗示，希望對方主動出擊。

獅子：積極炫耀

我從小在鄉下長大，養成勤勞大方的性格，是個好人喔！

我對你的成長背景沒興趣。

獅子總想把自己最好一面一股腦傾倒出來。

處女：情境模擬

如果跟他一起，他會永遠愛我嗎？

沒有十足把握就不會行動的處女。

天秤：欣賞讚美

你今天打扮得好不一樣喔！

在哪裡買的？

下次一起去好嗎？

也沒什麼啦～

天秤，即使喜歡上別人也只會曖昧一下。

天蠍：陰鬱玩手段

你想說什麼啊？

我覺得自己是不值得愛的。

天蠍以退為進，激發對方同情心。

射手：撒網等機會

今晚開睡衣派對吧～！

來者不拒的射手座。

摩羯：委屈苦惱

他一定是不喜歡我……

自信不足的摩羯總是考慮很多。

水瓶：惡搞無厘頭

讓我化身愛的正義超人，好好保護你吧！

水瓶以奇招、怪招來吸引對方注意。

雙魚：文藝才氣

雙魚以情感傾訴來吸引對方。

 天秤

 天蠍

 射手

 摩羯

 水瓶

 雙魚

23 在一起

跟十二星座談戀愛，是什麼感覺？

♎ 天秤
♏ 天蠍
♐ 射手
♑ 摩羯
♒ 水瓶
♓ 雙魚

衝呀！

明明和白羊在熱戀，
他卻好像根本不需要我。

和金牛在一起，
他認為我是屬於他的。

忘了幫你介紹，她是我學妹。

雙子和我，是彼此
需要還是不需要呢？

♈
白羊

♉
金牛

♊
雙子

♋
巨蟹

♌
獅子

♍
處女

白羊

金牛

雙子

巨蟹

獅子

處女

和摩羯在一起後，
我成了他唯一的理想人選。

我們一起往那裡走就對了！

與水瓶談戀愛，最重要
的時刻他總是缺席。

和雙魚談戀愛，他下
一秒是哭還是笑呢？

你有話想和我說嗎？

24 無法忍受的愛

親愛的星座情人，請聽我說一句話……

白羊，請讓我感受到，
你也存在我的生活裡。

金牛，愛不是占有，
占有也未必是為了愛。

雙子，可不可以，再多給我一點安全感？

天秤

天蠍

射手

摩羯

水瓶

雙魚

♈
白羊

♉
金牛

♊
雙子

♋
巨蟹

♌
獅子

♍
處女

天秤，請讓我感受到，

我對你來說與眾不同。

天蠍，你該知道，平淡的愛比激烈的愛更綿長。

喵喵喵喵

由於尺度問題，大家就看這個畫面好了！

射手，讓我陪你一起自由吧！

摩羯,愛是快樂,不是忍耐。

水瓶,愛是一種水乳交融,不只是陪伴。

雙魚,請告訴我,
你為什麼又生氣了好嗎!

25 愛的潛臺詞

當十二星座說出「我愛你」，意思是……

親愛的～我最愛妳的錢，嫁給我～

刪除線是怎樣……

白羊的「我愛你」＝「我要征服你」，
喜歡追逐與挑戰。

金牛的「我愛你」＝「你是我的」，
喜歡的人就要收入囊中。

♈
白羊

♉
金牛

♊
雙子

♋
巨蟹

♌
獅子

♍
處女

我要每天一次又一次的見到你，
我要聽你說話～我要看你開心～

還沒回家，
怎麼了？

喂喂～你在哪？

雙子的「我愛你」＝「待在我身邊」。
愛就是和喜歡的人在一起愉快玩耍。

你不愛我了吧！

我哪有不愛？

你沒說愛，

愛！
我愛！

我問了你才說，

你不是真愛。

巨蟹的「我愛你」＝「沒有你會死」。
把愛當作氧氣和水，賴以為生。

我愛你，只有你才配成為我的伴侶。

「我愛你」＝「你配得上我」，
這是與皇后並肩站在高臺上的獅子。

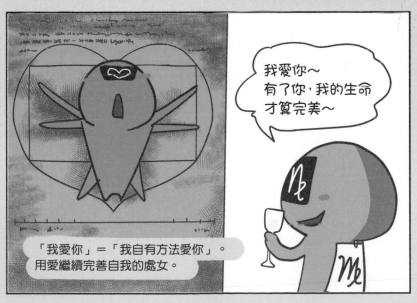

我愛你～
有了你，我的生命才算完美～

「我愛你」＝「我自有方法愛你」。
用愛繼續完善自我的處女。

天秤

天蠍

射手

摩羯

水瓶

雙魚

白羊

金牛

雙子

巨蟹

獅子

處女

天秤
天蠍
射手
摩羯
水瓶
雙魚

26 忘記大日子

另一半忘記重要的日子，十二星座會……

♈ 白羊
♉ 金牛
♊ 雙子
♋ 巨蟹
♌ 獅子
♍ 處女

故事是這樣的——

我加班回來了～
買了炒米粉給妳喔！

那我的生日
禮物呢？

是巷口妳最愛
的那間呢！

B.f.

G.F.

……
炒米粉
要嗎？

生～日～
禮～物～

B.F

GF

今天妳生日？

嗯～嗯～

GF

GF

我都忘記了！
原來今天是妳生日！

不然，下禮
拜再慶祝
好嗎？

對不起喔！

B.F

這時候，水象星人（巨蟹、天蠍、雙魚）會——

沒有了？

沒有禮物啊……

蛋糕也沒有嗎？

妳沒事吧！

沒事。

沒事～

很吵呀你……

妳連顏色都變了耶！

我明天買蛋糕給妳吧！

BF

哀莫大於心死……水象不吵不鬧，
但心早死了……

火象星人（白羊、獅子、射手）

火象暴力爆發！

不過，肯收拾你代表還愛你，快去道歉吧！

風象星人（雙子、天秤、水瓶）

土象星人（金牛、摩羯、處女）

白羊
金牛
雙子
巨蟹
獅子
處女

一星期後

還有妳最愛的巧克力黑森林蛋糕喔！

親愛的～
我來補慶祝生日了！

唱生日歌給妳聽吧！

咕！

祝妳生日快樂～♪
祝妳生日快樂～♪

嗯。

妳還在生氣嗎？

來吹蠟燭吧！

嗯。

妳別不出聲！
別這樣！

很吵啊你。

我知道錯了！

土象使用冷暴力，沉默秒殺一切。

27

參加婚禮

十二星座去參加婚禮，會是什麼場面？

28 為什麼要離婚？

什麼情況會讓十二星座想離婚？

♎ 天秤
♏ 天蠍
♐ 射手
♑ 摩羯
♒ 水瓶
♓ 雙魚

♈
白羊

♉
金牛

♊
雙子

♋
巨蟹

♌
獅子

♍
處女

就是不愛了。

愛才不會放手。

巨蟹

整天只會愛來愛去，
人生沒有別的事要做嗎？

獅子

他那些毛病和壞習慣，
實在看不下去了啊！

你又沒把蓋子蓋好嗎？
到底要說多少次啊！

有必要這麼
激動嗎？

處女

說了多少次啊
還是改不了！

29 聖誕快樂！

聖誕節到了！十二星座會怎麼度過？

Merry Christmas!

白羊
金牛
雙子
巨蟹
獅子
處女

有我才會快樂！

白羊

好吃～

金牛

陪朋友

雙子

聖誕大餐上桌～

巨蟹

好喝！

獅子

陪家人

妹

處女

是聖誕夜景耶～

天秤

收禮物！

天蠍

約會

射手

這不是我生日嗎……

摩羯

滴答滴答好玩～

滴答

水瓶

陪愛人

雙魚

30 單身跨年夜

沒約會的十二星座，跨年夜都在做什麼？

♈
白羊

♉
金牛

♊
雙子

♋
巨蟹

♌
獅子

♍
處女

趁熱鬧不做點什麼太可惜的白羊。

節日就是拿來吃好喝好躺好的金牛。

每逢佳節必趕 Party 的雙子。

快快快！
翻頁！

天秤

天蠍

射手

摩羯

水瓶

雙魚

白羊
金牛
雙子
巨蟹
獅子
處女

31 過年了，賭一把！

十賭九騙，小孩子不要學喔！

賭博絕緣體

反正是買東西
送的，不中也
不會心痛。

阿彌陀佛基督阿拉，
保祐我中千萬獎啊！

對摩羯、金牛來說，唯一能接
受的就是不需要本錢的賭博。

賭博新手型

親愛的，我該
打哪一張呢？

討厭快教我嘛～

好的別急，

g.f

讓我來教
你親愛的～

對了，等一下打完這
局，我們談談合約的事。

比起打牌，天秤和雙魚更注重
以牌局做社交，增進感情。

隨便賭賭型

奇怪，這機器是只能拉出ㄣ嗎？

搞什麼鬼！

7 7

白羊和射手都是沒計畫性的隨便賭，
但通常更喜歡刺激或快速的賭法。

♈ 白羊
♉ 金牛
♊ 雙子
♋ 巨蟹
♌ 獅子
♍ 處女

賭博娛樂型

買一元大，一元小～

贏了10元就走，還不夠我付小費呢！

小賭怡情～能贏就行～

雙子、獅子和巨蟹不在意輸贏，只是愛賭博帶來的氣氛和樂趣。

也就是說，十二星座中他們都是不夠看的！

我的對手，果然只有你！

天蠍

呵呵，別以為誇我幾句我就會放過你。

這場上億元的賭局，你輸定了！

你就等著被我狠狠的幹掉吧！等死吧！

水瓶

處女

天蠍

賭鬼與賭神的競賽……

在我上牌桌之前，我已經看了你上千遍的錄影，發現你每次牌面少的時候，就會忍不住這樣摸自己的臉，大概連你自己都沒發現吧！

所以雖然我不是同花大順，不過要贏你也綽綽有餘了！

順帶一提，你現在是用梅花3的底牌冒充紅桃同花大順吧！

處女是智力賭博者，擅長以數據來分析遊戲。

水瓶是聰明賭客？

只要有這高科技眼鏡，你的底牌我早知道了！

太可惡了！

……其實是作弊高手。

廢話少說！亮出你的底牌！受死吧！

終於等到了……

底牌的事，

還有眼鏡，我早就知道了！

少騙人！

我就是在等，

你大意放下眼鏡的這一刻，然後逆轉這局面！

受死吧!

看我的——
同花大順!

這不科學呀!怎麼回事!

好了～根據約定～你
們就當我的奴隸吧!

什麼時候約定
的?等一下!

走快點～
呵呵呵～

從此,天蠍就過著
幸福快樂的土豪生活。

32 紅包怎麼給？

十二星座過年時，會怎麼給紅包呢？

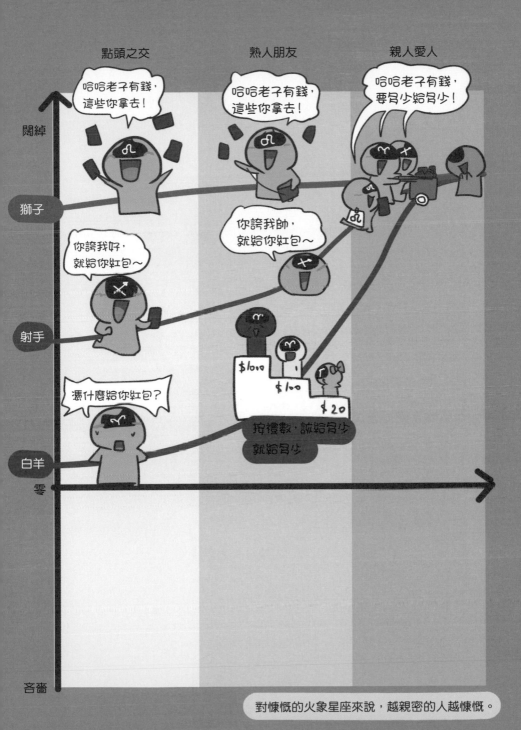

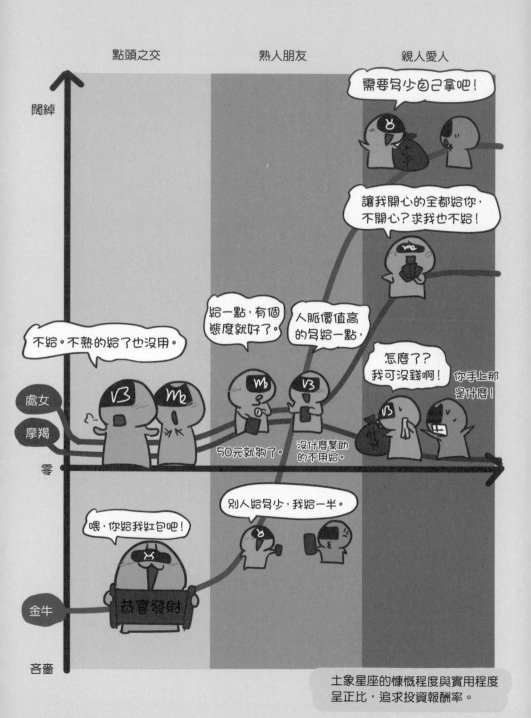

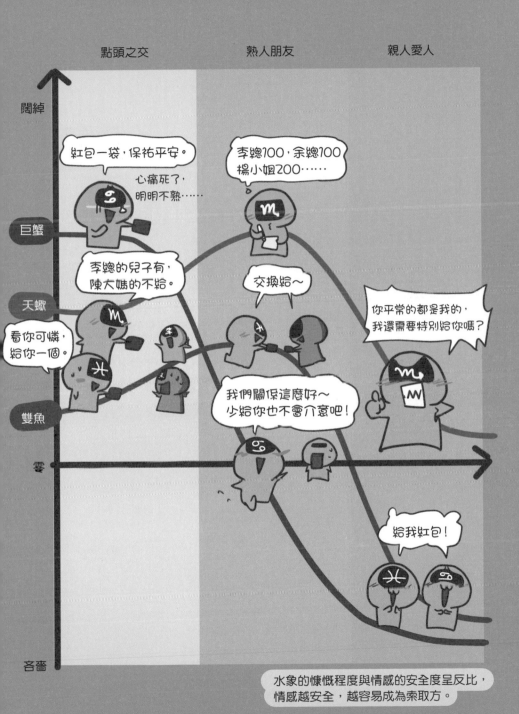

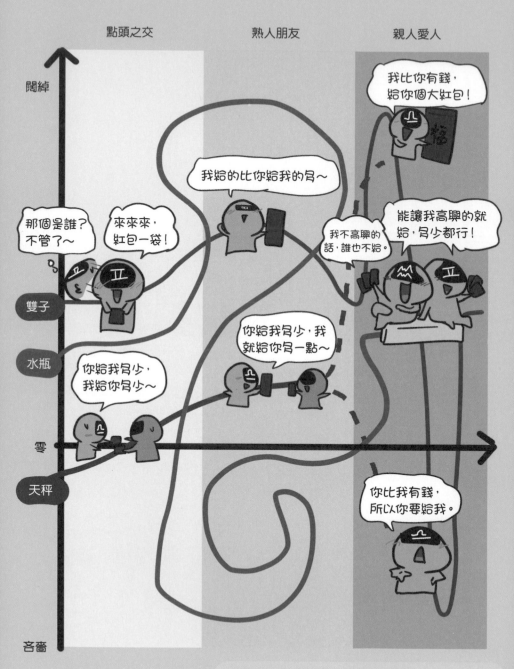

風象星座永遠按照自己那套「合理方式」來付出。

PIEPIE的感謝

太好了!終於畫完這本書了,我可以趕趕去玩了!

喂喂!妳是誰啊!來人,快把這人趕出去!

這是留給 PIEPIE 的位置啊!

莎拉妳真失禮,我就是 PIEPIE 啊!

鬼才認得妳,妳是第一次出場吧!

才不是呢!

我在好多頁可是出現過很多次了~

真的假的!

學生時期創作的自畫像,三根連在一起的頭髮是重點。

那,PIEPIE,妳有話要和讀者說嗎?

當然有啦!

*有興趣的讀者可以尋找更多隱藏的 PIEPIE (提示:p57、p71、p87、p109……)

各位支持星座漫畫的讀者們,
我從最初的 Blog 開始,一路走到現在,
出版了自己的第2本作品,真的很開心!

最感謝你們的支持,看見你們在網路上的
回覆,真的給了我很大的鼓勵。

真的很感謝每一位喜歡星座漫畫的朋友。

我們下一本見囉!
BYE BYE!

FUN 系列 006

星座大戰 ❷ 部曲

作　　　者　PIEPIE ♓
文 字 提 供　王小亞 ♏、幻覺 ♐
主　　　編　陳信宏 ♐
責 任 編 輯　葉靜倫 ♒
責 任 企 畫　曾睦涵 ♊
視 覺 設 計　果實文化設計 ♌ ♍
校　　　對　謝惠鈴 ♈

總 編 輯　李采洪 ♍
董 事 長　趙政岷 ♏
出 版 者　時報文化出版企業股份有限公司
　　　　　　108019　臺北市和平西路 3 段 240 號 3 樓
　　　　　　發行專線－（02）2306-6842
　　　　　　讀者服務專線－（0800）231-705・（02）2304-7103
　　　　　　讀者服務傳真－（02）2304-6858
　　　　　　郵撥－19344724　時報文化出版公司
　　　　　　信箱－10899臺北華江橋郵局第99信箱

時 報 悅 讀 網　http://www.readingtimes.com.tw
電 子 郵 件 信 箱　newlife@readingtimes.com.tw
時 報 出 版 愛
讀 者 粉 絲 團　http://www.facebook.com/readingtimes.2
法 律 顧 問　理律法律事務所 陳長文律師、李念祖律師
印　　　刷　和楹印刷有限公司
初 版 一 刷　2014 年 10 月 3 日
初 版 十 九 刷　2023 年 12 月 4 日
定　　　價　新臺幣 250 元

星座大戰2部曲／PIEPIE、王小亞、幻覺　著
初版. -- 臺北市：時報文化, 2014.10
　面；　公分. -- (Fun系列；6)

ISBN (平裝)978-957-13-6082-9
　1.占星術 2.通俗作品

292.22　　　　　　　　　　　　　　103018340

ISBN　978-957-13-6082-9
Printed in Taiwan